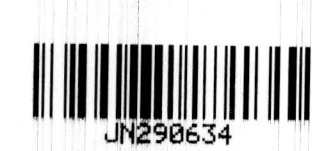

ポンちゃんの
0、1、2歳児と
ふれあって遊ぼう

平田明子 著

チャイルド本社

目次 Contents

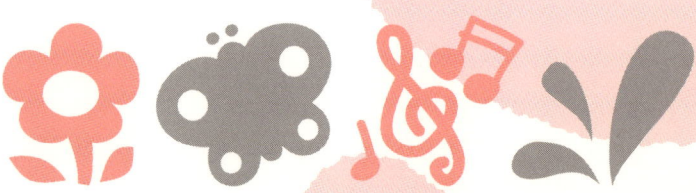

お正月で遊ぼう

作って遊ぼう

エッセイ

ポンちゃんの子育て日記

はじめに

　今からほぼ３年前でしょうか、思いがけず子どもを授かりました。これだけでもビックリだったのですが、途中でその子どもは双子とわかってさらにビックリ！
　びっくりの連続で産まれてきた子どもたちとの日々は、何もかもが初めてで新鮮で楽しい毎日。たしか寝不足でフラフラだったような記憶もありますが（笑）そんなの今となればなんのその！　なんともこの小さい人たちは、生きている！そのことに感動しまくりの毎日です。さっきまでやっていたことをやらなくなったり、昨日までできなかったことが急にできたり、子どもたちの成長はほんとうにめまぐるしくて、わたしの目も心もぐるぐるぐるぐる。そのたびに、なんて面白いんだろう！　なんと愛おしいんだろう！　とへんてこな日々は今も続いています。モチロン「んもうっ！」と思う日々もたくさーんありますけれど!!（笑）
　そしてそんな日々の中で自然と歌っていたうたや、うまれてきたあそび、それから「こんなあそび、好きかなあ？」と試しに作ってみたあそびを集めてこの本を作りました。とってもつたないあそびたちです。うちの子どもたちは大好きだったけれど、みなさんの近くの子どもたちはどうでしょう？　でも、顔が違うように（一卵性の双子でも微妙に違うんですよ）好きなことも嫌いなこともみんな違うと思います。だからその子に合ったあそびかたに自由に替えて遊んじゃって

ください。産まれてから2歳すぎくらいまでにやっていたあそびが中心です。ぜひみなさんの身近な子どもたちと遊んでみてくださったらうれしいです。

間にはさまっているエッセイは、子どもたちとの生活の中でわたしが日々感じて書いていたものの中から、何編か選んでこの本に紹介しました。読み返してみるとなんとも懐かしいことばかり。思えば産まれたときはとっても小さくてふにゃふにゃで、ハイハイしたり座ったり、歩いたりするようになるなんてことは想像できなかったんです。なのに今は感じたことを言葉にして話したり、歌ったりしているのですよ！　すごいことです。わたし自身は初めての育児で右往左往していて、とってもお恥ずかしい内容のものもたくさんありますが、この0、1、2歳という時期の子どもたちがあんまりにも豊かでおもしろいときだということが、みなさんに少しでもお伝えできたらうれしいです。種でいうと、根っこができて、芽を出し、土から顔をだした双葉は根から水や栄養を吸い上げ、お日さまを浴びてぐんぐんのびている、そんな時期ではないでしょうか。

あ、子どもたちが昼寝から起きてきました。さてさて、わたしもへんてこな日々に戻らなければ。みなさんもぜひ身近な子どもたちと、へんてこであったかいポカポカの日々をお過ごしくださいませ!!

よろしくね

子どもたちは動物が大好き。いろんな動物になりきって遊んでみてね。

遊びかた

1 ♪ぞーうは
はーなでごあいさつ

腰をかがめてぞうの鼻のように
手をぶらぶらする。

2 ♪ぶらぶらぶらぶら
よろしくね

手をぶらぶら。

3 ♪うさぎはみみで
ごあいさつ

両腕をうさぎの耳にみたてて上にあげ、
ひざでリズムをとる。

4 ♪ぴょんぴょんぴょんぴょん
よろしくね

両手をのばして、
ぴょんぴょんジャンプする。

よろしくね　作詞・作曲／平田明子

F　B♭　C
1.ぞ　ー　う　は　は　ー　な　で　ご　あ　い　さ　つ
2.う　さ　ぎ　は　み　ー　み　で　ご　あ　い　さ　つ
F　B♭　C　F
ぶ　ら　ぶ　ら　ぶ　ら　ぶ　ら　よ　ろ　し　く　ね
ぴょ　ん　ぴょ　ん　ぴょ　ん　ぴょ　ん　よ　ろ　し　く　ね

2 歳児編

その１

2、4は伸ばした手をつないでやってみよう。

2歳児編

その2

違う動物に替えて遊んでも楽しいよ。

フラミンゴ

ワニ

ポンちゃんの子育て日記 1

赤ちゃん！赤ちゃん！

生まれたときのおはなし

ほんとにこのおなかの中に赤ちゃんがいるのかなあ？？　と思っていた妊娠２か月目のわたし。聞いて！聞いて！　あなたのおなかは８か月後にはスイカのようにぐう〜んと前にせりだしているんだよ〜。歩くのもふうふうなるくらい大きくなるんだよお。双子の赤ちゃんが入っていて、毎日ぽこぽこおなかを蹴るようになるんだよ〜。

きっと、１年後には今の私の知らないことを１年後の私が今の私に言うのだろうけれど、いやあ、ほんと、妊娠、出産はもう、想像を絶する体験でした。世の中にいる人がみんな、おかあさんたちのこんな生活の後に産まれたなんて想像するだけでやっぱ、「命ってすごい」と思わざるをえないっ！　ホント。妊娠から出産は、ほんとうにマニュアルのない、なんというかすごく動物的な日々でした。

私も初めての体験だったので、黒豆が胎盤にいいって言われれば食べ、牛乳は飲み過ぎないほうがいいよと言われれば控え、大好きなお菓子もビールもがまんがまん。そして、「大きく育っているかなあ。元気に出てくるかなあ」ってず〜っとずっと心配で。知り合いの人におなかの赤ちゃんに話しかけるといいよと教えてもらい、歩道を歩きながら「いい天気だねえ。ほら。赤い花、なんて名前だろうね。タチアオイかなあ？」なんて話しかけたりして（笑）。おまけに３か月くらいのときに一卵性双生児だと判り、ほとんど安静の生活。何度も入退院の繰り返し。でもそのとき、入院しながら出産を待つたくさんのおかあさんたちに会って、ふつうに暮らして出産する人が多いなかで、こんなふうに入院して出産するママもいるんだってことがわかり励まされました。

そんなこんなで 2004 年 11 月 17 日。私はふたりの女の子を出産しました。ふにゃ〜！　という泣き声を聞いたときは涙がちょちょぎれたっ（笑）！　やっと会えた！　って！　でも、出産はゴールじゃなくて新たなる生活の出発だったのです！

はーい!!

名前を呼ばれるのって何だかうれしい。
それがうただったらなおさら。
子どもたちとノリノリで楽しく「はーい!!!」。やってみてね。

遊びかた

1 **♪よしだけんちゃん（はーい!!）～**
きしだりゅうせいくん（はーい!!）

うたに子どもたちの名前を入れて歌う。
自分の名前が歌われたら
「はーい」と言って手をあげる。

2 **♪えいごでコンニチハ(Hi)**

英語圏の人になりきって全員で「Hi」と言う。

クラスの人数に合わせて、
1、2を繰り返して歌いましょう。

はーい!!

作詞・作曲／平田明子

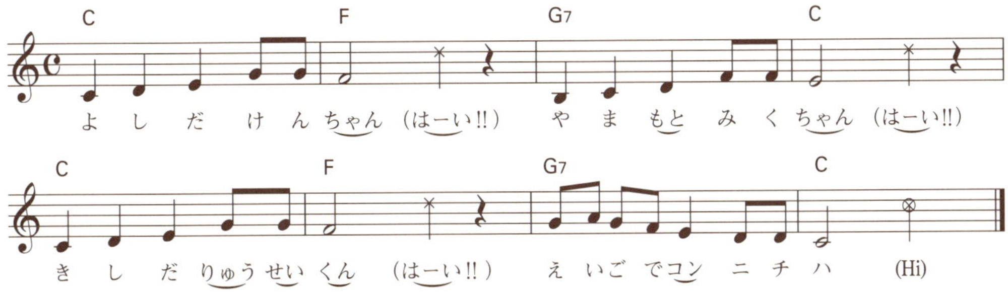
C F G7 C
よ し だ け ん ちゃん (はーい!!) や ま もと み く ちゃん (はーい!!)
C F G7 C
き し だ りゅう せい くん (はーい!!) え いご でコン ニ チ ハ (Hi)

遊びかたのポイント

はるみ
先生
はーい

にしの
きみちゃん
はーい

・複数担任の場合は、はじめに保育者同士がやってみせるとわかりやすいです。

・はじめのうちは保育者もいっしょに手をあげて返事をすると、子どもたちもわかりやすいでしょう。

・最後の「えいごでコンニチハ」「Hi」は、できるだけオーバーアクションでやると、意味がわからなくても子どもたちもおもしろがってまねをします。

・お散歩で「Hi」が通じそうな人を見かけたら、あいさつをしてみましょう。

Hi!
Hi!

いっしょにわっはっは

いっしょに歌えば、うれしいことも悲しいこともみんな楽しいうたになっちゃうこと
まちがいなし！　みんなでいっしょに大きな声で歌ってみてね。

遊びかた

♪ぼくと〜ともだちだ
みんなで歌う。

♪いっしょに　わっはっはー
おなかをたたいて歌う。

いっしょにわっはっは　作詞・作曲／平田明子

C F G C
ぼ ーく とき ーみ は と もだ ちだ
わ たし とあ なた は と もだ ちだ
C F G7 C
ず ーっ とず ーっ と と もだ ちだ
い っ しょ に ーわっ はっ はー

バリエーション　Variation

このほかにも、いろいろな歌詞に替えて遊んでみましょう。

エン
エン
エン

♪いっしょにエンエンエン
泣くまねをする。

プン
プン
プン

♪いっしょにプンプンプン
怒っているまねをする。

ヤー
ヤー
ヤー

♪いっしょにヤーヤーヤー
手をあげる。

コミュニケーションのポイント

うれしいことも悲しいことも、その気持ちになりきってちょっとオーバーアクションで遊んでみてください。ちょっと大きい子どもたちには、「うれしかったときってどんなとき？」「エンエンって泣いたのはどうしてかな？」とか質問してみるのも楽しそうね！

またあした

園に行くということは、朝はおうちのかたとバイバイ、
夕方は保育者や友達とバイバイと、毎日がバイバイの連続です。
「ママ、後でね」「明日も遊ぼうね」の気持ちを込めたお別れソングです。

導入

まずは、うたを覚えます。お別れするとき、両手をつないで曲に合わせて揺らしながら歌い、「ワーッ」でつないだ手を上げて揺らしましょう。

遊びかた

向かい合って遊びましょう。

1 ♪てんこ

両手を頭の上に乗せる。

2 ♪ぽんこ

両手をほおにつける。

またあした　作詞・作曲／平田明子

Am
Em
Am
1. てん こぽん こバイ バイ　ま たあ とで　ワーッ
2. てん こぽん こバイ バイ　ま たあ した　ワーッ

3 ♪バイバイ

バイバイをする。

4 ♪またあとで

両手をつないで上下に振る。

5 ♪ワーッ

ワーッ

手をつないだまま、
導入のように手を上げ、揺らす。

アレンジ Arrange

ふれあいバージョン……小さい子とは、ふれあいあそびとして取り組みましょう。

遊びかた

1 ♪てんこ

両手で子どもの頭を触る。

2 ♪ぽんこ

ほおを両手で包み込むように触る。

3 ♪バイバイ

両手でバイバイする。

4 ♪またあとで

両手をつないで、
おでこをくっつける。

5 ♪ワーッ

おでこを離し、
つないだ手を揺らす。

元気いっぱいバージョン……ふれあいバージョンを覚えたら、子どもたちどうしでお互いにやりあいっこしたり、動作を大きくしたりして遊んでみましょう。

遊びかた

お互いにやりあいっこ

動作を大きく

ポンちゃんの
子育て日記 2

このあいだの日曜日、ソファのところでハムーチ（子どもたちのパパ）がなにやらやっているのでのぞいて見てびっくりしました。なんと私の眉描きペンでごりごりとふたりにマユゲを描いているのですっっ!!

ぬっ…ぬけるっ!!
ぶらーん
ただいまー
※あくまでも うちの場合です。マネしないで下さい…。

生後２か月くらい

文化の違いは子育ての違い？

私「なっ?? なにしてんの？!」
ハムーチ「え～こうするとね、悪い夢見ないんだよ～。それに女の子だからメイクするとかわいいしね～」
とごきげんなハムーチ。う～む、ギャグではないらしい。しかしだな。どうみてもお笑いのコントに出ている人の顔にしか見えないっ。（笑）

実はハムーチはタンザニアから来た人で、子どもができる前も時間の観念とか（むこうはとてもアバウトなんですよ～っていうか日本人がきっちりしすぎてる？）さまざまな相違を感じてはいたけれど、今までは「あ～ハムーチはそう思うんだね～。そうやるんだねえ」で済んでいたの。でも子どもができたらそうばっかりは言ってられない。

このあいだは仕事から帰ってくるなり「ただいま～～!!」と生後１か月のわが子の片手をひっぱって持ち上げていたのには心臓が飛び出そうだった。「手が抜ける～～!!!」と慌てて赤ん坊のおしりを支える私。「だいじょうぶよ～。アフリカみんなやるよ。エクササイズでしょ～。日本は赤ちゃん生卵みたいに大事にしすぎだよ」と反対の手もぐいっ！ ぶら～ん。おいおいっ。はじめはすごく心配していた私だけれど、どうやらなんともないみたいなので慣れてしまいました。ちなみに名前も向こうでは新たに考えてつけるのではなく、自分の大切な人（おとうさんやおばあちゃんや親族の場合が多いらしい）からもらう習慣で、うちの双子も彼のおかあさんとおばさんからいただきました。

こんなふうに文化や育った環境があまりにも違うせいでびっくりしたり、ことによってはすごく話し合わなくてはいけなかったりすることもこれからたくさん出てくるんだろうと思います。日本人どうしだってきっとあるでしょう。考えかたや育ちかたの違い。そのときに違うからダメ！ なのではなく、なにが子どもたちのためになるのか、そのつど考えてやっていかなきゃなあとつくづく感じているきょうこのごろでした。

もう いいかい？

子どもたちはかくれんぼが大好き！　お散歩のときや、園で
簡単なかくれんぼあそびとしてやってみてください。

遊びかた　2歳児編

1

散歩のときに、保育者は「もういいかい？」「まあだだよ」
と言い合いながら、少し先の茂みに隠れる。

2

子どもたちに見つかったと同時に、「バアー！」といって飛び出す。

アレンジ Arrange

かくれんぼに慣れて早く保育者を見つけた子どもは、保育者といっしょに隠れてもいいでしょう。

遊びかたのポイント

・0、1歳児の場合は、すぐ近くの物陰に隠れるなどし、子どもたちが保育者を見つけたらすぐに近づける場所を選びましょう。

・隠れているところを見せてあげるようにして、不安にさせないようにしましょう。

くるくるジャンプ

ただくるくる回ってジャンプするという、シンプルなあそびです。
単純だけど、子どもたちが大好きなあそびの一つです。

遊びかた 2歳児編

1

「くるくるくる……」と言いながら、その場で回転する。

2

突然「ジャンプ！」と保育者が言ったら、くるくる回るのをやめてジャンプをする。

遊びかたのポイント

- くるくる回るときに、周りとぶつかると危ないので、広い場所で遊ぶようにしましょう。
- ジャンプを立て続けに3回してみたり、リズムに合わせて変化をつけたりして遊びましょう。

アレンジ Arrange

みんなで手をつないでやっても楽しいでしょう。

屋根裏トントン

２人組のタッチあそびです。慣れてきたらおおぜいでやってみましょう。
子どもたちはくすぐられるのが大好き。
最後は思いっきりくすぐって触れ合っちゃいましょう。

遊びかた　0 1 歳児編

1　♪やねうらトントン～ムカデが

２人で向かい合い、保育者は子どもの手を包み込むように左手で持ち、右手でリズムよく子どもの手をたたく。

2　♪ワシャワシャ ワシャワシャワシャ～

保育者は子どもをくすぐる。

遊びかたのポイント

・あそびに慣れてきたら、「ムカデが～～」は少しためてゆっくりと歌い、突然「ワシャワシャ」とくすぐるとメリハリがあり、盛り上がります。

屋根裏トントン　作詞・作曲／平田明子

C
や ね う ら トン トン ね ず み が チュウ チュウ
Dm C G7 C
と き ど き ム カ デ が ワ シャ ワ シャ ワ シャ ワ シャ ワ シャ 〜

2歳児編

1 ♪やねうらトントン〜ムカデが

２人で向かい合い、保育者は両手のひらを上に向けて子ども前に出し、子どもその手のひらをパンパンとリズムよくたたく。

2 ♪ワシャワシャワシャワシャワシャ〜

保育者は子どもをくすぐる。

アレンジ Arrange

・複数で行う場合

子どもたちが手のひらを上にして出し、保育者は歌いながら子どもたちの手のひらをたたく。

「ワシャワシャ」のときは、子どもたちは逃げ、保育者は追いかける。

ワシャ ワシャ
ワシャ〜〜〜

ゾウさん！

とにかく、「ゾウさん！」と言い続けるうたあそびです。大きな声で歌って遊んでね。

遊びかた

1 ♪りんごたべたの

手をたたきながら保育者が歌う。

2 ♪だあれ？

手を耳に当て、聞くそぶりをする。

3 （ゾウさん！）

子どもたちが「ゾウさん！」と答える。

4 ♪おおきな〜（ゾウさん！）

1〜3 と同様に繰り返す。

ゾウさん！　作詞・作曲／平田明子

アレンジ Arrange

前半の「りんごたべたのだあれ？」などの質問の部分を替えたり、「ゾウさん！」を「サルさん！」などに替えたりして、自由に楽しみましょう。

「ゾウさん！」や「サルさん！」などの部分は、言葉に合わせてその動物のまねをしてもいいでしょう。

だっこだっこ

だっこは気持ちいい。だっこはうれしい。そんなだっこにもいろんなだっこがありますよね。こんなにだっこしてもらうのも一生のうちでそうないもの。たっぷりしっかりだっこしてあげちゃいましょう！

1番を歌いながら遊びましょう

●いろいろなだっこ

うたの○○ちゃんを子どもの名前に替えて口ずさみながら、いろいろなだっこをしてみましょう。

ぎゅっとだっこ

ぎゅっとだっこをして、左右に揺れる。

なでなでだっこ

あちこちなでなでしたり、ほっぺをすりあわせたりする。

見る見るだっこ

ひざの上に子どもを乗せ、絵本を見たり、ほかの子が遊んでいるのを見たりする。

らっこだっこ

おなかの上に子どもをうつぶせに乗せる。

飛ぶだっこ

ひざから下に子どもをうつぶせに乗せ、足を前後に動かす。

○○ちゃん　作詞・作曲／平田明子

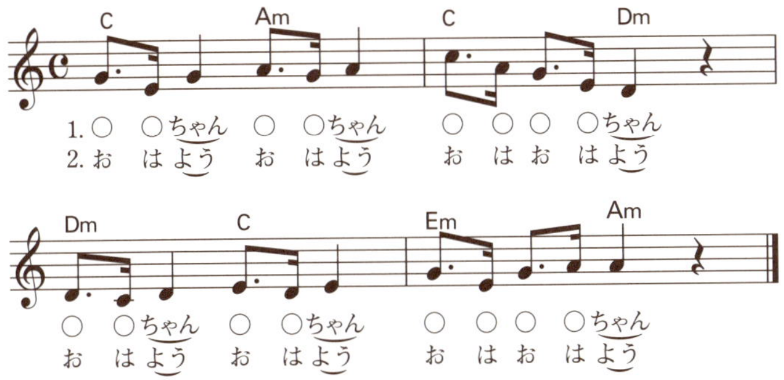

歌うときのポイント

子どもに聴かせるのではなく、なんとなく口ずさんでいる感じで歌うようにしましょう。

あそび初めのポイント

首がすわってから遊ぶようにしましょう。うちの子は、4〜5か月ごろからやっていました！

2番を歌いながら遊びましょう

●いっしょにゴロン

1

子どもの下半身を足ではさめる位置に子どもを乗せる。

2

両手両足で子どもの体を包んで、ゴロンと横になる。

3

反対側も同様にする。

コミュニケーションのポイント

曲のリズムに合わせて体を揺らしたり、背中をトントンしてあげるとよいでしょう。子どもを落とさないように、また、首をひねらないように気をつけましょう。

1～2歳児ならこんなふうに遊んでも楽しい！

コミュニケーションのポイント
うたなしで遊んでもよいでしょう。

●くるりん返り

1

おなかの上に子どもを乗せる。

2

ゆっくりあおむけに寝かせる。

3

腰を持って持ち上げる。

4

ゆっくりうつ伏せにおろす。

アレンジ Arrange　2歳児編

歌詞の「○○ちゃん」のところをアレンジして、子どもたちを紹介しよう！

♪こうすけくん
こうすけくん
こうすけくん
こうすけくん
こうすけくん
よろしくね！

＊毎日ひとりずつ紹介しても楽しいです。みんなでも歌ってみよう。

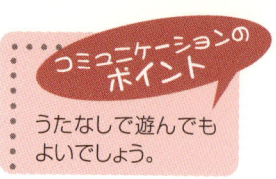

ポンちゃんの子育て日記 3

やりたいときができるとき

6か月くらいのときのおはなし

ここ1か月くらい頭を反らせて右向いたり左向いたり。繰り返していたら先日、頭上のおもちゃに手を伸ばしてそのままコロン！　とひっくり返りました。
『ひとり寝返り成功です!!　さあ得点は……』
『10点！　10点！　10点！　10点!!』
オリンピックならこんな感じ？　きれいにコロンと腹ばいになりました。（おおおおっっっっ!!）
親もどよめきましたが自分でもちょっとびっくりしたようす。きょろきょろ周りを見回しています。きっと見えかたがあおむけに寝ているときとはぜんぜん違うんでしょうね。それでも最初のころはすぐにくたびれ、顔をふとんにすりつけヨダレでベタベタになりながら泣きます。あおむけからうつ伏せより、うつ伏せからあおむけのほうがちょっと難しいようです。何度となく、元の体勢に戻れずに泣きます。それじゃあやらなきゃいいのに、でも繰り返し繰り返しうつ伏せになり、おもちゃを拾って口に入れたりしています。そして、だんだんくたびれないようになり、そのうちに自分であおむけに戻ったりできるようになりました。

以前、落ちているおもちゃを拾ったときもそう。拾ったおもちゃを初めて口に持っていったときもそう。あたりまえなのかもしれませんが、やりたい時期とできる時期というのは微妙にリンクしているんですね。しかも、やりたいと思うのができる少し前。子どもたちはやってみて、やってみて、やってみて、ある瞬間ほいっ！　とできる。ちょっと高い棚の上の物を背伸びして取る、または階段を一つよいしょっと登る、そんなふうに子どもっていうのは成長していくのだなあと思いました。

それからというものケロポンズのコンサート会場でよちよち歩いている赤ちゃんを見ると（おおっ。2本足で歩けている〜〜!!）と感動してしまいます。
「やりたいときができるとき」
そんな経験を積み重ねてモチロン失敗もたくさん積み重ねて人間っていうのは大きくなるんだなあ。そしてみんなそうやって大きくなったんだよなあと思うと、みんなとても愛おしく感じられます。

いっこのトンネル

何でも自分でやりたい時期がありますよね！　うちではこのうたを歌いながら
服を着替えています。遊びながらお着替え、ぜひやってみてね！

遊びかた

1番

1 ♪**いっこのトンネル**
いっこのあーし　でーるかな？

歌いながらはく。足が出るまで
「でーるかな？」を繰り返し歌う。

2 ♪**でーました**

足がすそから出るときに合わせて歌う。
＊同様に歌いながら反対の足もはく。

いっこのトンネル　作詞・作曲／平田明子

Am
1.いっこのトンネルいっこのあーし
2.いっこのトンネルいっこのおてて
Am
Em
Am
でーるかな？でーました
でーるかな？でーました

2番

1 ♪**いっこのトンネル**
いっこのおてて　でーるかな？

歌いながら着る。手が出るまで
「でーるかな？」を繰り返し歌う。

2 ♪**でーました**

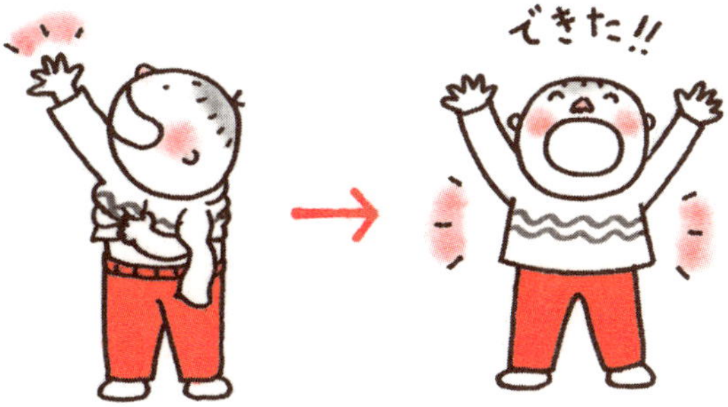
できた!!

手がそでから出るときに合わせて歌う。
＊同様に歌いながら反対のそでに手を通す。

コミュニケーションのポイント

シャツやズボンがねじれていると、手や足がスムーズに通らないことがよくあります。うまくできないとき、まずはしっかり応援してあげてみて。子どもなりにがんばってうまくできるときもあります。でも「ホントに無理だ～」ってときは、このうたを歌いながらゆっくり手伝ってあげてください。

モリモリパワー

子どもたちは食べることが大好き！　「食べること＝生きること」ですもんね！
でも中には、あんまり好きじゃない食べ物も……。食べず嫌いという物も。
そんなとき、楽しくチャレンジできるあそびうたです。

遊びかた　食事のときに、嫌いな食べ物がある子がいたらやってみてください。

1　♪ **モリモリパワー**
モリモリパワー

歌いながら握りこぶしをつくる。

2　♪ **なれるかな？**

子どもの口の中に嫌いな食べ物を入れる。

モリモリパワー　作詞・作曲／平田明子

3 「あ、きた!　きた!　きたきたぁー!」

パワーがきているというつもりで、
子どもの服や体を指さしながら驚く。

4 ♪モリモリ　モリモリ　パワーッー

子どもが食べたら、保育者は力こぶを
作ってガッツポーズをする。

タオルで遊ぼ！

タオルの肌触りはとっても気持ちいい。そんなタオルを使っていないいないばあ！
これがシンプルだけどすっごく楽しいんです。ぜひ子どもたちと遊んでみて！

タオルでバァ!

「いないいないばあ！」は子どもたちが大好きなあそび。
タオルを使って遊んでみましょう。

遊びかた

1 ♪タオルでバァ　いないいない

子どもにタオルをかぶせた状態で歌う。

2 ♪バァ!

保育者がタオルを取る。
＊子どもが自分で取っても。

タオルでバァ!　作詞・作曲／平田明子

コミュニケーションのポイント

保育者にかかったタオルを子どもが取って「バァ!」とおもしろい顔をして見せたり、ぬいぐるみにタオルをかけて「バァ!」で取ったり、子どもどうしを向かい合わせておいて「バァ!」とやるなどといろいろくふうして遊んでみてくださいね。モチロン、タオルを使わないで手で顔を隠すやりかたや、何かの後ろに顔を隠す方法なども楽しいですよね!!

チャプン!

布の下に入るのってどうしてあんなに楽しいんでしょうね！
「チャプン！」に合わせてタオルの海の下に隠れて遊んでみてね。

遊びかた

1 ♪なみにチャプチャプ〜かくれてる

向かい合ってタオルを持ち、タオルを揺らす。

2 ♪チャプン!

しゃがんでタオルの下に隠れる。

おおぜいで

シーツなどを保育者が持ち、下に子どもたちが入り、「チャプン！」でシーツを下げる。

チャプン!

「ザブン！」のときは激しく！

チャプン！

作詞・作曲／平田明子

F
1. な　み に チャプ チャプ　さ か な が チャプ チャプ　か く れ て る　チャプン
2. な　み に ザ ブ ザ ブ　さ か な が ザ ブ ザ ブ　か く れ て る　ザブン！

コミュニケーションのポイント

布の大きさや素材を替えたり、おおぜいでやっても楽しいです。うちではこの逆で、うたのあいだはシーツや毛布の下に子どもたちが隠れて、「チャプン!」っと出てきます。これもなかなか楽しいですよ。ただ「もう1回!　もう1回!」でおとなはヘトヘトになりますけどね。(笑)

運んでよいこらしょ！

自分で動けるようになると、子どもたちはいろんな物を持ち運びます。タオルに何かを乗せて、さあ、うまく運べるかな？！

遊びかた

♪はこんでよいこらしょ　もうすぐおうちだよ

タオルにお気に入りのぬいぐるみなどを乗せて、
歌いながら落っことさないようにして運ぶ。

運んでよいこらしょ！ 作詞・作曲／平田明子

G
F
G
1.～3. はこんでよいこらしょ
よ い こ らしょー
ね ん ね だ よー
もうすぐおうちだ よー

コミュニケーションのポイント

おとなが子どもをバスタオルなどにのせて運ぶのも大喜び。子どもたちは運ぶのも好きだけど、運ばれるのも大好き！　シートにたくさん乗せておおぜいのおとなでよいしょよいしょ！　乗るのが上手になってきたらゆらゆら揺らしたり、ちょっとメリハリをつけるとますます盛り上がります！

ポンちゃんの
子育て日記
4

ずりばい ですばい！

8か月くらいの ときのおはなし

ズリバイって なめくじ のようです
何かを目指している
あっ
あっ
ズル
ズル

おおっっ！　このあいだ、寝たまんまの生活から急に座った!!　と感動していたら、今度はなんと、ずりばい（名前がすごいですが、体をずりずりと引きずりながら進むことです）ができるようになりました！　ちょっと前までは、手にしたいものがちょっと前にあるとなぜかカんでしまい、飛行機のように手足を浮かせる……といった姿（わたしはなかなかこの姿が好きでした）になっていたのですが、それから手を突っ張ってまず下がるようになり、そして手で体を引き寄せて前に進むようになりました。とはいっても、まだできるようになって間がないので、少し動けば届くあたりにあると、ずりずりっと前に行きますが、だいぶがんばらないと届かないところにあるものなどは、ぷいっとあきらめてしまいます。じ〜〜っとおもちゃを見て、行こうかどうしようか考えている真剣なまなざしはなかなかかっこよくて笑えます。

以前テレビでオカピやウシの赤ちゃんがおかあさんに産み落とされると同時によろよろと立ち上がる姿を見たことがありましたが（外敵が多いので産まれてすぐに逃げられるようにと聞きました）、人間の子どもはどうしてこんなにも段階的に、時間をかけていろんなことができるようになるんだろう……とときどき不思議に思います。きっとちゃんとした学説とかあるんでしょうけど、例えば人間の子どもが産まれたとたんに立ち、自分でなんでもできたら……あたりまえですが、今のような親子関係はないんでしょうね。

できないことがたくさんある子どもをお世話させてもらいながら、できていく過程を見させてもらいながら、親もだんだんより親として育ててもらっているというか……なんか、わたしの場合かなりそういうところがあります。ちょっと前より今、今よりも明日、どんどん子どもたちを愛おしく思う気持ちってのは育って行く気がするんです。

子どもたちといると、人間という生き物はなんとも興味深いものなんだろうとつくづく思います。

電話がかかってきましたよ！

子どもたちはおとなのやっていることにすごくあこがれています。そのなかでも大好きなのが電話。今回は楽しみながらできる、へんてこな柔軟あそびを紹介します。

遊びかた

1 ♪でんわがかかってきましたよ

子どもは寝ころび、
おとなは子どもの手足をまとめて持って、
子どもの体を左右に転がしながら歌う。

2 ♪テュルル…テュルル…テュルル…

小刻みに子どもの手足を揺らす。

3 ♪もしもし

子どもの右の足を耳にくっつけて、「もしもし」と言う。「もしもし」の後は、自由に話して足を戻す。左足も同様にして遊ぶ。

＊このとき、体の硬い子どもにはくれぐれも無理させないように気をつけましょう。

電話がかかってきましたよ！ 作詞・作曲／平田明子

C
G7
C
でんわがかかってきましたよ
G7
C
テュルル…
テュルル…
テュルル…
（もしもし）

うたのアレンジ ファックスバージョン

電話がかかってきたのではなく、ファックスが送られてきたことにしてやってみましょう。

1

スイッチオン！

「もしもし」の後、
「あ、ファックスだ。スイッチオン」
と言いながら、子どものおへそを押す。

2

ガーガーガー

「ガーガーガー」と言い、子どもの体をくすぐる。

コミュニケーションのポイント

子どもたちは「もしもし」の後の話をとても楽しみにしています。子どもたちの身近な人を出したり、子どもたちが喜ぶような話をして、おもしろおかしく遊んでみてください。また、子どもの手足を保育者の耳に当ててやっても楽しいでしょう。

3びきのくま

子どもたちはごっこあそびが大好き。子どもたちといっしょになりきって遊んじゃってください！　運動会の出し物にしてもとってもかわいいですよ。

導入

ロシア民話「3びきのくま」の絵本を読んだり、パネルシアターを見せたりすると、よりいっそう盛り上がります。

遊びかた　0歳児編

だっこして歌います。

1 ♪さんびきのくま さんびきのくま

歌いながら、「♪さん」でそれぞれジャンプ、もしくは子どもを軽く持ち上げる。

2 ♪すてきなかぞく

体を左右にひねり、子どもを揺らす。

3 ♪さんびきのくま さんびきのくま なかよしかぞく

1、2を繰り返す。

3びきのくま

作詞・作曲／増田裕子

さんびきのくま さんびきのく ますてきなかぞく さんびきのくま
さんびきのく まなかよしかぞく Fine おとうさんは ミハイルイワノビッチ お
かあさんは ナスターシャペトロブナ ちいさいこどもは ミシュートカ D.C.

4 ♪おとうさんは

♪おとうさんは

だっこしたまま、おとうさんっぽい声色で歌う。

5 ♪ミハイルイワノビッチ

♪ミハイル
イワノ
ビッチ

力強く、少し激しく左右に体をひねる。

6 ♪おかあさんは

♪おかあ
さんは

左右に優しく体を揺らす。

7 ♪ナスターシャペトロブナ

♪ナスタージャ
ペトロブナ

くるっと回る。

8 ♪ちいさいこどもは

だっこしたまましゃがむ。

9 ♪ミシュートカ

ほっぺたをぎゅっとつけ、抱きしめる。

10 ♪さんびきのくま さんびきのくま なかよしかぞく

1～3 と同じ。

1 2 歳児編

1 ♪さんびきのくま さんびきのくま

「♪さん」でそれぞれジャンプ。

2 ♪すてきなかぞく

胸の前で腕を交差し、体を右へ倒す。

3 ♪さんびきのくま さんびきのくま なかよしかぞく

1、2と同様で、2は体を左側へ倒す。

4 ♪おとうさんは

足を広げて腕を組む。

5 ♪ミハイルイワノビッチ

腕組みしたまま力強く足踏みをする。

6 ♪おかあさんは ナスターシャペトロブナ

手を広げ、おしりを左右にゆっくり揺らす。

7 ちいさいこどもはミシュートカ

しゃがむ。

8 ♪さんびきのくま さんびきのくま なかよしかぞく

1～3 と同じ。

コミュニケーションのポイント

おとなもすっかり「おとうさんぐま、おかあさんぐま、子どものくま」になりきって遊ぶのがいちばん。音楽に合わせてリズミカルに遊んでみて!

カシママ ペーケヤッケ

子どもたちが立つ練習をしはじめてから立てるようになるまでは、あっという間です。
その立てるようになるまでの時間を子どもたちと楽しみながら過ごせるうたを紹介します。
＊「カシママ ペーケヤッケ」とは、スワヒリ語で「ひとりで立ったよ」の意味です。

遊びかた

1

ヨロヨロと子どもが
立ち上がったら……、

2

周りで手をたたきながら、
繰り返し歌う。

3

座ったら歌をやめる。

カシママ ペーケヤッケ タンザニアのわらべうた

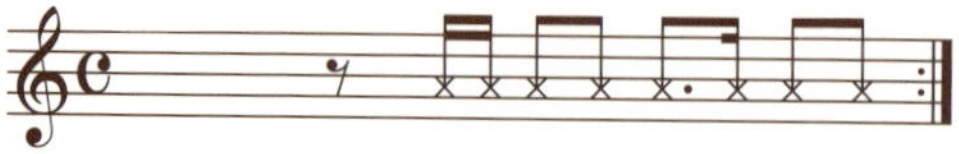

(スワヒリバージョン)カシマ マペー ケヤッケ!
(にほんごバージョン)たった よた ったよ!
(アレンジバージョン)できた よで きたよ!

うたのアレンジ

歌詞を「できたよ、できたよ」に替えて、
できることに応じて遊んでみましょう。

すでに立てる子には
片足上げにチャレンジ

ハイハイができるように
なった子には

コミュニケーションのポイント

手を離してひとりで立っているあいだだけ歌うのがポイントです。子どもはみんなが拍手して歌ってくれるのがうれしくて、うまくなると立ち踊りをします。ノリノリで歌って、子どもたちを盛り上げましょう。

ポンちゃんの
子育て日記
5

伝い歩きでなんとなく壁から手を離していたコマが、しゃがんだところから立ち上がりました。「立ったあ!!」喜ぶわたしの横で、おとうさんのハムくんは「カシママ　ペーッケヤッケ！　カシママ　ペーッケヤッケ！」急に手をたたいて歌い始めました。コマもうれしそうに両手を広げてリズムをお尻でとっています。

カシママ ペーッケヤッケ！

1歳まえくらいのときのおはなし

彼の国では子どもが立ち上がると周りでみんなが「カシママ　ペーッケヤッケ！　カシママ　ペーッケヤッケ！」と手をたたいて歌うのだそうです。それがなんともごきげんなリズムのうたで、（意味は「ひとりで立てたよ！」）、曲に合わせて子どもたちもごきげんに踊ります。できたことを喜ぶっていうのはどこの国の人でも同じなんだなあ！　でもそれを楽しいあそびにしてしまう、そのへんはさすがタンザニアであります（笑）。うたが楽しい、できたのがうれしい！　そんなこんなで、子どもたちはうたに合わせて長いあいだお尻をぴくつかせながら立っていました（笑）。

そんなある日、いやあ、初めて知りました。ふだん私たちが、なんでもなくやっている立った状態から一歩前に足を出すって、すごい作業なんですね～！　このごろふたりは果敢にその行動に取り組んでいます。見ていると、片足を一歩前に出すまでの一瞬、もう一方の足で体のバランスをとりつつ体重を支えているのです。まだ立って間もないふたりは一歩出すとき、とても集中してやっています。ちょっとでもバランスをくずしたり体重を支え切れないと倒れてしまうからです。両手を前に伸ばす、足を1歩出すといった感じです。2、3歩で倒れればわたしの腕の中といった距離で手を広げ、集中した表情で足を出し、ばたっと倒れ込む、これを何度となく繰り返します。不思議ですよね～。だってだれも「はいはいできたほうがいいよ～」とか「歩いたほうがいいよ～」とか教えてないのに、子どもたちはどんどんそれをやろうとしていくんですもん。すごいなあ。わたしたち親は、おむつを替えたり、まだまだいろんなことをするけれど、1歳でもうすでに手伝ってはあげられないことに、一人ひとり挑戦しているということに目頭が熱くなるきょうこのごろ……うるるる……（泣）です。

はちみつみつみつ

ふれあいあそびです。保育者と子ども、子どもどうしなど
いろんなパターンで遊んでみてね。

おとなははちみつのつぼみたいに、
右手の指を丸めて輪っかをつくります。

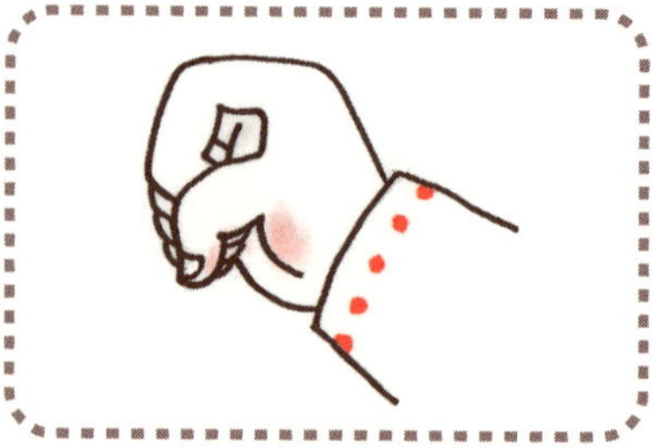

遊びかた

1 ♪はちみつみつみつ×2回

うたを歌いながら、子どもはひとさし指で
はちみつのつぼをかきまぜます。

2 ♪なめるとあまい　ペロッ

指をなめるふりをします。

はちみつみつみつ

作詞／平田明子　作曲／増田裕子

C
Dm
Em
F
G
はちみつみつみつ　はちみつみつみつ　なめるとあ　ま　い　ペロッ
G
C
みつみつみつみつ　みつみつみつみつ　みつばち〜〜

3 みつみつ〜みつばち〜〜

うたを繰り返し、おとながうたの途中で「みつばち〜」と言ったら指をつぼから急いで逃がします。おとなは指をつかまえようと手を握ります。

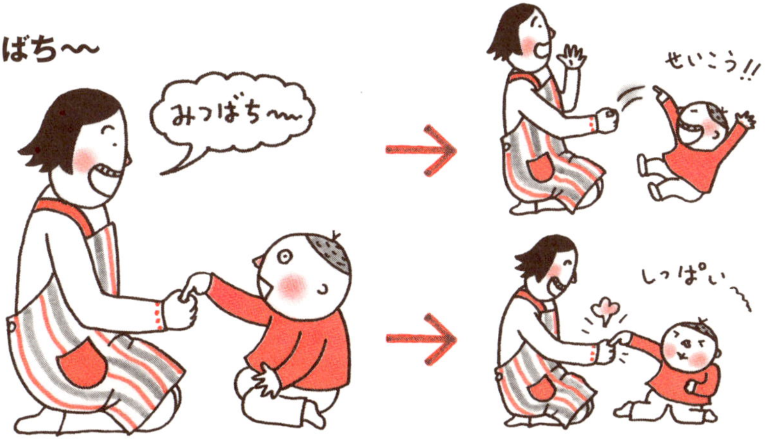
みつばち〜〜
せいこう!!
しっぱい〜

バリエーション variation

1 はちみつみつみつ〜みつばち〜〜

お互いに左手をはちみつのつぼの形にして、1から3までの遊びかたは同じ。

2

逃げられた方は、「チクチク…」と言いながら、相手の体をつつく。両手でやるので少し難しいバージョン。

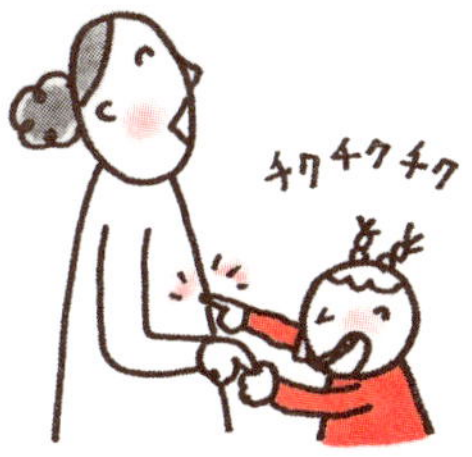
チクチクチク

ぎゅうっとだっこ

何たってだっこはあったかい。体を動かして心も体もホカホカになろう!!

ゆらゆらだっこ

だっこして体を動かします。

ぶら下がりだっこ（2歳児）

手を開き、子どもは自分の力でぶら下がります。腕に力のない子などは、無理せずすぐにだっこできるようにしてください。

ゆらゆらだっこ（0、1歳児）、ぶら下がりだっこ（2歳児）で歌いながら遊ぼう

遊びかた

1番

1 ♪うちのあかちゃんだっこすきー

歌いながら体を軽く揺らす。

2 ♪かぜがふいてもだっこだっこー

体をひねる。

ぎゅうっとだっこ 作詞・作曲／平田明子

C Dm G7
1.うちの あかちゃん だっこすきー かぜが ふいても だっこだっこー
(○○ ちゃん)
2.うちの あかちゃん だっこすきー あめが ふっても だっこだっこー
(○○ ちゃん)
C G7 C
くるりとまわって だっこだっこー ぎゅうっとだーっこー ぎゅー
ゆさゆさゆれても だっこだっこー ぎゅうっとだーっこー ぎゅー

3 ♪くるりとまわって だっこだっこー

その場で一周する。

4 ♪ぎゅうっと だーっこー

1と同様。

5 ぎゅー

ぎゅ〜〜っ

ぎゅっとだっこ。

2番

6 ♪うちのあかちゃんだっこすきー

1と同じ。

7 ♪あめがふってもだっこだっこー

上下に軽く揺らす。

---

8 ♪ゆさゆさゆれてもだっこだっこー

体を左右に大きく倒す。

9 ♪ぎゅうっとだーっこー　ぎゅー

4、5と同様。

ポンちゃんの
子育て日記
6

7か月くらいの
ときのおはなし

壊す！

積み上げた洗たく物の山を壊す、積み木の塔を壊す、本を破る、など破壊行為がおおはやりの時期になりました（笑）。自分で動けるようになってからというもの、ふたりともとっても意欲的に動き回っていろいろな物を触ったりなめたりしています。そんななか、触ったものを壊すというのは、自分がやったことでようすが変わるのですごく楽しいことのようです。おとなでも「思いっきり壊していいわよっ」なんてなんか渡されたらやってみたいですもんねっ!!

そんななかでもふたりが大好きなあそびのひとつは積み木崩し。積み上げた積み木を見るといてもたってもいられず、こぞってそこに向かって行って壊します。崩れたときの安どの顔ったらないんですよお（笑）。どんなに遠くにあってもいちもくさんにはっていく姿はなんだか動物のようにも見えます。

もうひとつ好きなのがビリビリ。初めてそれを始めたのは家の障子破りでした。なんかの拍子にあいた小さな穴を触っていたらそこから破れてきたらしくびりびり破っていって、すでに４枚の四角部分が穴になりました。

ある時思いたって新聞紙を出してみたら、破る破る～!!　なんともこれが楽しいのです！　新聞紙って薄いし破れてもだれも困らないし（障子紙はちょっと……まあ、もうやらなくなったころはり直せばいいかとうちは放ってますが）これは気持ちいいです。ぜひ子どもたちと遊んでみてください。

そういえば保育していたころ、友達が一生懸命作ったブロックの家やロボットをひたすら壊しているしんちゃんという子がいました。あちこちで泣き声や怒った声がすると思って行ってみたら、だいたいしんちゃんが原因でした。泣いている子の横でしんちゃんはちょっと困ったような顔をしていました。そのうちにしんちゃんは壊さないようになりましたが、あれは物や人にかかわるはじめのころの行動だったのですね。この子たちにもそんな時代がやってくるのかなあ!?　今は想像だにできない大壊し時代まっただ中ですっ！（笑）

カラフルボトル

水あそびにペットボトルは欠かせないアイテム。作って楽しい、使って楽しいカラフルボトルを作って遊ぼう！

用意するもの

- 透明ペットボトル(350〜500ml)
- 大きめのビーズ
- カラーセロファン
- お庭の花や絵の具（黄、赤、青）で作った色水
- ビニールテープ

作りかた

1 ペットボトルにビーズやセロファンを入れる。

＊口の中に入れてしまわないように、注意して行いましょう。

2 保育者に好きな色の色水を入れてもらう。

3 ふたをしっかりと閉め、ビニールテープをはる。

＊子どもたちでできないところは、保育者が援助しましょう。子どもたちはなんでも自分でやりたがります。保育者は子どもがした後の最終の確認をしてあげましょう。

遊びかた

◆プールで遊ぼう

プールにペットボトルを沈め、探して遊びましょう。

遊びかたのポイント

・ペットボトルの中に水をいっぱい入れると、きちんと底に沈みます。園でたくさん遊んだ後は、家庭に持ち帰っておふろで遊んでもらうといいですね。

発展

・ジュースやさんごっこをしよう!

作ったカラフルボトルでジュースやさんごっこをして遊びましょう。

注意 基本はペットボトルの口を開けて、中の色水をコップに移して遊びますが、年齢に合わせて、ふたをしたままコップにつぐまねだけして遊んでください。口を開けて遊ぶ場合は、中身を飲んだり食べたりしてしまわないように注意しましょう。

ぼっこんさん

夏はやっぱり水あそび。しっかりたっぷり遊んでほしいですね。今回は、うちのおふろでやっているあそびをご紹介します。ぜひ、水あそびとしてやってみてください。

遊びかた

1番

1 ♪ぼっこんさんがくるよ　ぼっこんさんがくるよ

小さなバケツなどを逆さまにして空気を入れたまま、水に沈めて歌う。

2 せーの　ぼっこんさーん

いっしょに「ぼっこんさーん」という。

3 ぼこぼこぼこーん

バケツをひっくり返して空気を出す。

ぽっこんさん　作詞・作曲／平田明子

F
C7
F
1. ぽっ こん さん が く る よ ぽっ こん さん が く る よ
2. ぽこ ぽこ さん が く る よ ぽこ ぽこ さん が く る よ
3. しゅわ しゅわ さん が く る よ しゅわ しゅわ さん が く る よ
せー の ぽっ こん さーん （ぽこぽこぽこーん）
せー の ぽこ ぽこ さーん （ぽこぽこぽこーん）
せー の しゅわ しゅわ さーん （しゅわしゅわしゅわーん）

2番　♪**ぽこぽこさんがくるよ**×2回　　♪**ぽこぽこぽこーん**

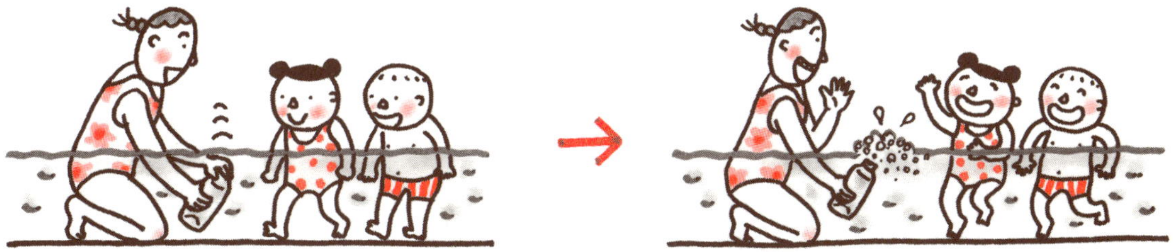

バケツの代わりにペットボトルを使う。ペットボトルの口を手のひらでしっかりと押さえておく。

3番　♪**しゅわしゅわさんがくるよ**×2回
しゅわしゅわしゅわーん

スポンジを使う。
そのまま水の中に沈め、にぎって泡を出す。

遊びかたのポイント

・バケツのときは思いっきりひっくり返すと、かなり大きな「ぽっこんさん」が出ます。ペットボトルならポコポコ出ます。水の中に入れる物の特徴をしっかりと生かして遊んでみてくださいね！

アレンジ Arrange

ここで紹介した、バケツ、ペットボトル、スポンジ以外にも、
身近にある物を使って遊んでください。

例えば

・穴をあけたペットボトル
・タオル
・ビニール袋など

注意 ふたを閉めた空のペットボトルや、空気を入れて口を結んだビニール袋は、水の中で手を離すと飛び出しておもしろいです。ただ思わぬ方向に飛ぶので、ぶつかってケガをしないように気をつけて遊んでください。

ポンちゃんの子育て日記 7

8か月くらいのときのおはなし

人見知り？

「きょう、帽子をかぶっていたほかの子のおかあさん見て泣いちゃったんですよ。人見知りの始まりかしらね」

保育園にお迎えにいったら先生にそう言われてびっくり。その帰り道、顔見知りの畑のおじさんから野菜を買っているとおじさんの顔を見て、泣き出しました。（おおっ、やっぱり人見知りかっ!?）おじさんも驚いたようで「驚かせてごめんよ～」と足早に畑のほうにいってしまいました。それでいて畑のおばさんのことはなんともないらしく、ニコニコしていたりして（これでも人見知りなのかしらん？）。

でもこの日から、散歩中に会った人でも泣いたりするようになりました。これって結構親としてストレス感じてしまうのはわたしだけかなあ？　だってせっかく「あらかわいいわね～」って言ってくれたのに「わ～ん！（泣）」だもん。「あら、ごめんねえ。びっくりした？」って謝られてホントに申し訳ない。でも子どもの防衛本能なのかなあ。知っている人にはうんと甘えるようにもなりました。わたしやハムーチがいないと泣いたりして。

そう考えてみると、赤ちゃんって小さいころはずいぶんと漠然とした世界に住んでいたのかもしれないね。周りの世界がおとうさんとおかあさんとおばあちゃんとおじいちゃんとっていうごくごく身近な人（赤ちゃんにとっては守られて当然の世界）だったから。ミルク飲んで寝て泣いてミルク飲んで寝て泣いて……。それが今や自分をとりまく世界に目を向けるようになったんだからすごいことだなあ。自分を守ってくれる人がわかったり、家がわかったりしてるんだもんね！　おおっっ。成長とはなんともよくできたものなんだろう。えらいぞ、子どもたち!!

しかし「かわいいですね～」と言ってくださる方に泣いてしまう度になんとも心苦しく感じてしまうのはわたしだけでしょうか～（泣）。

あがりめ さがりめ

顔はとても興味深い場所です。赤ちゃんは、いないいないばあや
表情を変えて見せるだけでも喜びますよね！　表情豊かにやってみてください。

遊びかた

1 ♪あがりめ

ひとさし指で
両目をつり上げる。

2 ♪さがりめ

ひとさし指で
両目を下げる。

3 ♪ぐるっとまわって

目じりをぐるっと回す。

4 ♪ねこの

目じりをぐっと中心に押す。

5 ♪め（ニャー）

外側に引っぱる。

コミュニケーションのポイント

子どもたちは顔の表情をよ～く見ています。いろんな顔をして見せてあげると子どもたちはすごく喜びます。子どもの顔をやってあげるときも、やってもらいながら子どもたちはおとなの顔を見ていますから表情豊かに遊んでみてね。

あがりめ さがりめ　わらべうた

あがりめ　さがりめ
（バリエーション）
あがりはな　さがりはな
あがりくち　さがりくち
あがりみみ　さがりみみ
ぐるっとまわって　ねこのめ（ニャー）
ぐるっとまわって　ぶたのはな（ブー）
ぐるっとまわって　ととのくち（スイスイー）
ぐるっとまわって　さるのみみ（キキッ）

バリエーション variation

ブタさん編

1 ♪あがりはな

鼻を押し上げる。

2 ♪さがりはな

鼻を押し下げる。

3 ♪ぐるっとまわって

鼻をぐるっと回す。

4 ♪ぶたのはな（ブー）

ブー

ブタの鼻のように上げる。

お魚編

1 ♪あがりくち

口の両端をつまみ、
上げる。

2 ♪さがりくち

口の両端をつまみ、
下げる。

3 ♪ぐるっとまわって

口の両端を
つまんだまま、
ぐるっと回す。

4 ♪ととのく

口を内側に押す。

5 ♪ち（スイスイー）

外側に引っぱる。

＊ここでつかっている「ととのくち」とは「魚の口」のことを言っています。

おサルさん編

1 ♪あがりみみ

両耳を持って
上げる。

2 ♪さがりみみ

両耳を持って
下に引っぱる。

3 ♪ぐるっとまわって

両耳を持ったまま、
ぐるっと回す。

4 ♪さるのみ

内側に押す。

5 ♪み（キキッ）

外側に引っぱる。

ポンちゃんの子育て日記 8

じぶんの気持ち

1歳5か月のときのおはなし

ごまんえつ
頭の穴に両手をとおす
あるものをぜんぶかさね着する
ズボンは1つのあなに2本足をいれる
すそ
わが家の最新流行ファッション

今ホント、着ることがす〜っごい好きなの。なんだろ、女の子だからなのかなあ。それが特に姉のコバのほうがすごいんだけど、あちこちからシャツ、ズボン、くつ下、スカート、あらゆるものを引っぱりだしてきてただ黙々と着る！（笑）だけどこれがおもしろい。というのもね、ふつうはシャツを頭に通してから手を通すでしょ？　ここまではできるんだけど、まだそでに手を入れることができないので手も頭のところに通すの。そうすると、そでがぶらんとぶらんと両脇にぶらさがった腹巻きみたいになるでしょ（わかるかな？）。それを何枚も続けるの。ときには、片手はそでに片手は首に通っていたりして（笑）。たすきみたいなスタイルのもはさまって、もう見た目は大きなバームクーヘン！　おっかしくてククク……って笑っちゃうんだけど本人はいたってマジメ。

「か〜い〜よ〜（かわいいよう〜）」

なんて言いながらやってる。ほんとうにおもしろい。

ごはんも食べさせてもらうより自分で食べるほうが好きだし、だんだん身の回りのことを自分でやりたくなってきたのね。車の運転も料理もお買い物も、みんなまねっこしてやってる。ぬいぐるみのクマをハンカチのふとんに寝かしつけたり、おとながやっていることをなんでもやってみたくてしょうがないのね。おとなが日ごろやっている作業が全部あそびになっちゃうんだからすごいね。

おとなの側から子どものことを考えると、成長の発達がどうのとか、将来困らないようにとかモチロンそういうことは大事なんだけど、ただただ子どもたちを見ていると、今というときをただひたすらに過ごしている感じがして、すばらしいよなあと思ったりするのでした。それがなんになるとかそんなことじゃない、ただやりたいからやる、おもしろいからやる、つまんないからやらない。そのシンプルな気持ちの流れにそって生きているのは、ホントにすばらしいなと。おとなになったらなかなかそうはいかないけれど、「基本はじぶんの気持ち」それをあらためて子どもたちに教わったきょうこのごろなのでした。

いもむしごろごろ

ゴロゴロと転がるあそびは、発達に合わせていろいろな形で遊べます。
小さいうちはただ転がっているだけでも十分です。ちょっと大きくなったら
転がる速さを変えたり、「ひょうたんポックリコ」と突然言ったりして、
ゲーム感覚で遊んでみてください。

基本の遊びかた

1 ♪いもむしゴロゴロ ひょうたん

床を自由にゴロゴロと転がる。

2 ♪ポックリコ

立ちあがる。

コミュニケーションのポイント

お昼寝があるならおふとんの上、保育室ならカーペットの上、床の上、草の上。いろんなところでゴロゴロしてみましょう。子どもたちは体全体で素材の感触を楽しむことができます。

いもむしごろごろ

わらべうた

うたのアレンジ

年齢や発達に合わせてアレンジしてみましょう。

0 1 歳児編

うたに合わせて、
自由にゴロゴロと転がる。

2 歳児編（または自由に転がれるようになったら）

「♪いもむしごろごろ」を何回も繰り返したり、
速く歌ったり、突然「♪ひょうたんポックリコ」
と言って立ちあがったりする。

あんたがたどこさ

「あんたがたどこさ」は「さ」がたくさん出てくる楽しいうた。
「さ」の部分をいろんな動きに替えて遊んでみましょう！

遊びかた

●保育者のひざの上編

1 ♪あんたがたどこ

曲に合わせて子どもの太ももをたたく。

2 ♪さ

わきを軽くくすぐる。

3 ♪ひごさ～ ～それをこのはでちょいとかぶ

子どもの太ももをたたく。
「さ」のところでわきをくすぐる。
この動作を繰り返す。

4 ♪せ

両手を葉っぱのように子どもの頭の上に置く。

あんたがたどこさ　わらべうた

♩= 96
あんたがたどこさ　ひごさ　ひごどこさ　くまもとさ
くまもとどこさ　せんばさ　せんばやまにはたぬきが
おってさ　それをりょうしがてっぽうでうってさ　にてさ
やいてさ　くってさ　それをこのはでちょいとかぶせ

●ゆっくりジャンプ編　ゆっくりめに歌いながら遊ぼう

1　**♪あんたがたどこ**

曲に合わせて
ジャンプ。

2　**♪さ**

しゃがみます。

3　**♪ひごさ～**
～それをこのはでちょいとかぶ

ひご
さ

曲に合わせてジャンプし、「さ」でしゃがむ。
この動作を繰り返す。

4　**♪せ**

両手を葉っぱのように頭に乗せ、しゃがむ。

●子どもどうしで2人組編 すごーくゆっくり歌いながら遊ぼう

1 ♪あんたがたどこ

曲に合わせジャンプ。

2 ♪さ

ぎゅっと抱き合う。

3 ♪ひごさ～ ～それをこのはでちょいとかぶ

曲に合わせてジャンプ。
「さ」のところでは抱き合う。
この動作を繰り返す。

4 ♪せ

お互いの頭に手を乗せる。

ポンちゃんの
子育て日記
9

1歳2か月のときのおはなし

やってあげない親

子どもたちの成長がめまぐるしくて、日々、目がぐるぐるしています。言葉をコミニュケーションに使うことも多くなってきましたし（ふたりのあいだでは、ふたりにしかわからない言語で完全に通じあっているようです）、ちょっと高いいすによじ登ったり、背たけほどもある深い穴に降りたり、うたに合わせて手あそびをしたり、階段を登ったり降りたり、そりゃそりゃたくさんのことができるようになりました。こうなってくると、どんなことが今できるようになっている途中なのか、どんなことがいちばん好きなのか気になってきますよね！　ちょっと前までは、入れ物に入ることがふたりに大ブレイク。段ボール、桶、たらい、かごなど入れそうなところにはちょこんと入り込んで遊んでいます。先日はいただいたお菓子の箱に足を小さく折りたたんで正座で入っていたのには笑いました。どのくらい小さい物に入るのかとか、どのくらい深い物に入れるのかとか、こっそり子どもたちのよく通るろうかや遊んでいる和室に置いてみると入る入る。さながら子ども生態観察であります。一卵性の双子でも性格がまったく違うのでひとりの子がすごくはまることと、ふたりがすごくはまることとあります。箱に入

るのなどはふたりとも好きでしたけど。

そんな子どもたちが今いちばんはまっているのは、登り降りです。ちょっとした段から始まり、階段、いす、机、棚、と高ければ高いほどうれしそうです。やってみてわかったことですが、登るよりも降りる方がはるかに難しいんですよね。体重のバランスをうまくとりながら足を下にのばして降りるっていうのが結構難しい。先日も隣の部屋で泣き声がするので見に行くと、おとなのいすに登って降りれなくて泣いているんです。「あら～降りれないの？」と下ろそうとすると「ダ～!!」と怒る。自分でやりたいんです。でもできない。にっちもさっちもいかない状況に怒りつつも、自分でやりたいという意思はわが子ながらに「すげえなあ」と思いました。わたしが持ち上げて下ろすのは簡単なんですが。手伝わない。やってあげない。子どもからチャレンジする機会を奪わないようにするってことが、この先ますます増えてくるのかもなあと思うきょうこのごろなのでした。

人生初の書き初め

0、1、2歳で書き初め……？　と思われるかもしれませんが、これがなかなかいいのですよ。あの筆のたゆたゆした感じに子どもたちもウットリ。人生初の書き初めに、チャレンジしてね。

用意するもの

- 半紙（もしくは長半紙）
- 墨汁
- 筆
- ドラフトテープ（はってはがせるテープ）
- 新聞紙

<展示用>

- 色画用紙
- のり

1　床に新聞紙を敷き、その一枚にドラフトテープで半紙をはる。

2　筆に墨をつけ、自由に書く。墨がポタポタ落ちたのもいい感じ！

3 墨をよく乾かしたら、のりで半紙を色画用紙にはり、展示する。

コミュニケーションのポイント

文字を書くというのではなく、ぽったりとした筆の感触を楽しみながら、一筆書きの絵を描くといった感じでやってみてください。ぽたぽたと落ちた墨滴も、なかなかの味になります。

ちょっとした飾りつけでより本格的に！

用意するもの

- 長めの画用紙
- 作品
- 毛糸などで作った房
- 掛け軸用の棒（またはそれに類似したもの）

・上下の棒に画用紙を軽く巻きつけてはり留める。

・毛糸などで作った小さな房を糸で結び、穴のあいた玉（紙粘土を丸め、ようじで穴をあけて乾かして作る。好みで色を塗る）に通してつける。

おもちこねこね

子どもたちの体はぷにょぷにょでおもちみたい！　しっかりこねて遊んでね!!

遊びかた　0歳児編

1 ♪おもちこねこね おもちこねこね

歌いながら体のあちこちをこねる。

2 ♪ぎゅーっとぎゅっと

抱きしめる。

---

3 ♪くっついた (ぷにょぷにょ……)

「♪くっついた」で顔と顔をくっつける。

おもちこねこね 作詞・作曲／平田明子

1歳児編

1 ♪おもちこねこね おもちこねこね

足踏みしながら歌う。

2 ♪ぎゅーっとぎゅっと くっついた

ぎゅっと押し合う。

3 （ぷにょぷにょ……）

お互いに食べるまねをする。

バリエーション variation

ふたりで遊ぶときは、手をおもちに見立てて遊び合おう。

1 ♪おもちこねこね おもちこねこね

子どもの片手を両手で包み込み、
もみもみしながら歌う。

2 ♪ぎゅーっとぎゅっと くっついた

ぎゅーっと握る。

3 （ぷにょぷにょ……）

突然それを
食べるまねをする。

ポンちゃんの子育て日記 10

楽しい知能犯!?

1歳8か月のときのおはなし

　やりたいことがそれぞれにあるふたりは、歩いているときもてんでばらばら。あたりまえですが、一卵性でも一人ひとり別なんだなあと改めて感じます。歩かないときはバギーに乗せて、すいすいとどこへでも行っていたのですが、今はしゃがみこんで「アリしゃん！」とアリを捕まえたり、マンホールの上で飛び跳ねてカタカタいわせたり、のんびりとよく遊んでいます。

　最近ふたりのお気に入りは、近所のお姉ちゃんの三輪車にまたがること。歩道わきに止めてあるピンクの三輪車にまたがって（といってもシートにはまだまだ座れませんが）ご満悦。しかしこちらも余裕があるときはいいのですが、時間がなくて急いでいるときは、遊んでなかなか進まないふたりにイライラ。「行くよ～！」「こっちこっち～！」と呼んでも、ぜんぜん来るようすなし。迎えにいって手を引いてこようとしても「ダメ～!!」と言って払いのけられてしまいます。だっこして連れていこうもんならふんぞり返って泣く！　ひとりは走って逃げる!!

　「時間があるならなんぼでもやらしてあげるから～～～っっ」と言ってもわかるわけもなく、あ～どうしたもんだか。とほほ。毎日声を荒げている自分が、ほとほといやになってしまいました。

　そんなある日。最近はやっているかくれんぼの絵本を思い出し、ちょっと先の植え込みに隠れて「も～いいよ」とかくれんぼのように隠れてみました。するとそれぞれに遊んでいたコバ・コマがあそびをやめて、キャッキャッ言いながらやってくるではありませんか。「ばあ～」と顔を出すと「キャハハ!!!」。これはいいと、ちいと先にまた隠れる。「ばあ～！」これを繰り返してあっと言う間に家にたどり着きました。

　なるほど～～!!　楽しければいいのか。キラ～ン。目からうろこでした。なんでもあそびになるこの時期だからこそ、気持ちだけで生きているこの時期だからこそ、楽しいことなら心も体もびゅ～んと動く。こちらも技をさらに磨いて楽しい知能犯にならねば!!　と心ひそかに誓った日でありました。

ぷわぷわ、しゃかしゃかボール

作るのは簡単。それでいて見て楽しい、遊んで楽しい、そんなものがあればいいなと作ったのがコレ。そばにいる子どもたちに合わせて、大きさや素材、入れるものを替えてみたりして遊んでみてね！

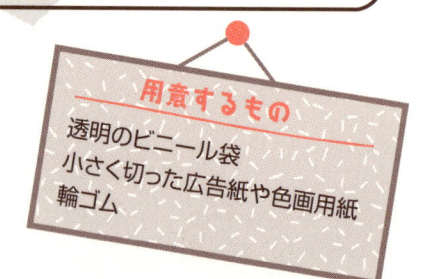

用意するもの

透明のビニール袋
小さく切った広告紙や色画用紙
輪ゴム

作りかた

1 ビニール袋の底の角をセロハンテープでとめて裏返す。

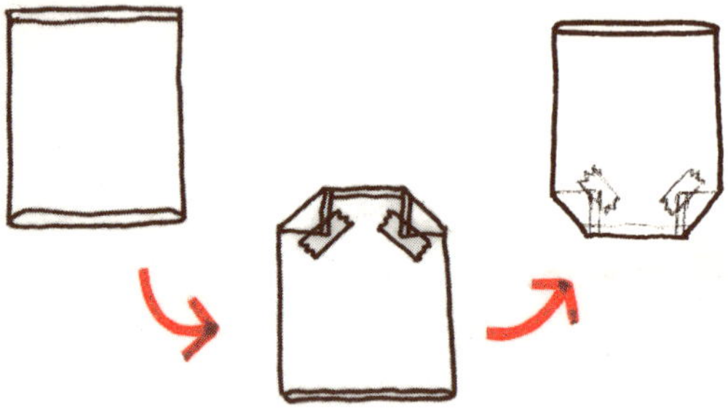

2 小さく切った紙を袋の中に入れる。

3 空気を入れて、口の部分を結ぶ。

＊小さく切った紙を袋の中に入れるなど、子どもたちができるところはいっしょにするといいでしょう。

コミュニケーションのポイント

ボールの動きや音に合わせて、「ポンポンポン！」など声を出したり、子どもたちの反応を見ながら遊んでみてください。鈴など音の出る物を入れてみるのも楽しいと思いますよ！

遊びかた 振ったり、投げたりして遊びましょう。

0歳児編

輪ゴムでぶら下げて、
引っぱって遊びましょう。

2歳児編

ビーズや、お散歩で見つけた葉っぱなど、
中に入れる物をくふうしてみると
より楽しく遊べるでしょう。

海を描こう

色を何重にも重ねるとなんともいえない色になります。それはまさに作ろうとしても絶対にできない色！　そんな色と子どもたちが出会ったら！　ただただぺたぺたやってみて！　いろんな海ができあがるよ！

用意するもの

- 画用紙（魚の形に切った色画用紙を、輪にしたセロハンテープで軽くはっておく）
- セロハンテープ（orはってはがせるスプレーのりなど）
- 絵の具
- スチールトレイ
- ぬれタオル
- 新聞紙

遊びかた

1

「お魚さんはどこにいるかな？　海だよね。今からお魚さんを海の中に入れてあげよう！」と言って始める。

色画用紙
ぬれタオル
画用紙
絵の具（薄い水色）
絵の具（白）
新聞紙
絵の具（濃い水色）

＊色は混ざってもきれいであれば、何色を使ってもよい。

2

子どもたちは思い思いにスチロールトレイに入った絵の具を手のひらにつけて、全面にペタペタとスタンプしていく。

3

注意 ペタペタやっているときに魚の型が外れてしまうことがあるので、注意して行いましょう。

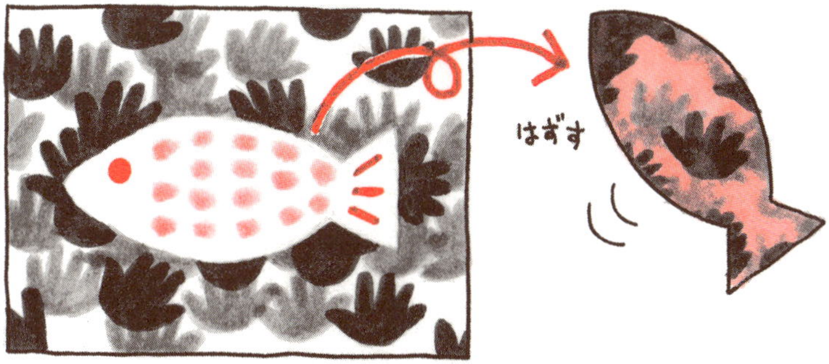

魚の色画用紙を外し、魚の型のあるところに指でウロコの模様をつけたり、塗ったりする。目は違う色でつける。

アレンジ Arrange

・2歳児は乾かしてから、マーカーなどで魚の模様を描いてもいいでしょう。

・型をタコやカニにして、クラス全員の作品をはり合わせて海の中を作ったり、チョウチョウや虫などにして野原を作ったりしても楽しいです。

・スタンプあそびが終わった後の型を、壁面飾りにしてもきれいです。

コミュニケーションのポイント

とにかく「ぺたぺた」を思いっきり楽しむ、それだけですね。(笑)

出てこい 出てこい 塗り塗り絵

子どもたちは隠れているものを探すのが大好き。
今回は紙の上に隠れた絵を探し出すよ！

用意するもの

- 白のクレヨン、またはロウ
- 絵の具
- スチロールトレイ、またはパレット
- 筆
- 画用紙（あらかじめ白のクレヨン、もしくはロウで絵を描いておく）
- ぬれタオル

導入

「あのね、みんなの持っている紙になにかが隠れちゃったの。見えないんだけど、この魔法の絵の具で『チチーンプイ』って塗ると……。あれれ……」というように話しながら、一度保育者がやってみましょう。

遊びかた 01歳児編

1 スチロールトレイに少し水を多めに入れた絵の具を用意する。

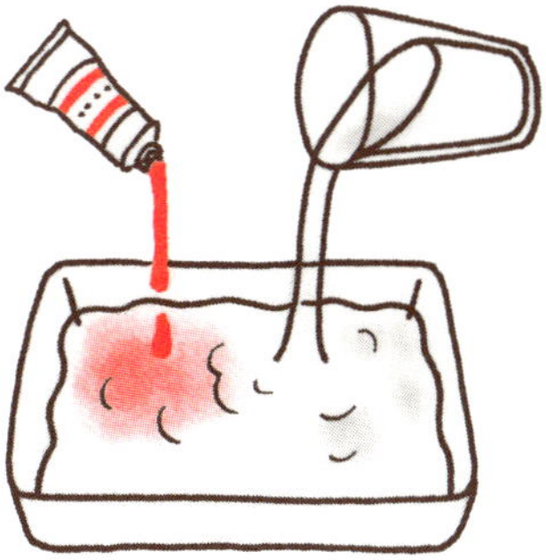

2 あらかじめ保育者が白のクレヨンやロウ絵の具で描いた画用紙を、1枚ずつ子どもたちに配る。

3 画用紙に 1 の絵の具を手のひらで塗り広げると完成。

2歳児編

基本は0、1歳児編と同じ要領ですすめますが、絵の具を塗るときに筆を使ってみてもいいでしょう。また、模様でもなんでもいいので、下絵を自分たちで描いてみるのもいいでしょう。

コミュニケーションのポイント

保育者が画用紙に下絵を描くときには、絵が出てきたときに「あー、ワンワン!」などと子どもたちが反応できるものを描くといいでしょう。

2歳児には、下絵の一部を色のついたクレヨンで、それ以外の部分は白の絵の具で描いた絵を用意し、はじめにクイズを出してから、あそびにとりかかってもいいでしょう。

ポンちゃんの
子育て日記 11

3か月くらいのときのおはなし

コミュニケーション!?

　生まれたばかりのころは、泣いてミルク飲んで寝てを繰り返していたふたりも最近ではミルク後もごきげんに起きているようになりました。そして話をし始めました。それがずっとひとりで楽しそうに
「あぶろほひょにょふ～。はにゃひょ～は～あ。えうっ！」
としゃべっているときもあれば、周りにいる人の目をじ～っと見ながら
「あ～う。はにゃほせ～……ぶうろほ、は～ほふう～！　まんま～。」
と語りかけてくることもあります。

　思い返せば、泣いたら（ミルクかなあ……）とか（眠いのかなあ……）とか理由を想像しながらつき合っていたのですが、いまや知らず知らずのうちに子どもたちは表情豊かに話をしているのですっ！
　泣きかたも以前とは全然違っていて、甘えた泣きかたやおなかのすいた泣きかた、もう少しがまんできる泣きかたや、もう絶対にがまんできない泣きかたなどいろいろバリエーションもでてきました（本人たちに聞いたわけではないので、私の勝手な憶測ですが）。
　最近、イヌやネコの言葉を解読する機械が開発されたって聞いたけど、子ども用は絶対に開発しないで欲しいなあ。このなんだかはっきりわからないながらも、

わかり合おうとする努力（赤ちゃんをよく見て何を求めているのか今までの自分のあらゆる経験を結集して考え、赤ちゃんはわかってもらおうと可能な限りの表現方法で表現する）がすごく大事な気がするんです。でも逆にこのあいだはあまりにぐずぐず言って寝ない子についイライラしてしまったのですが、後からうんこが出ていたことがわかったの。こういうときに解読機械があれば、
『ウンコガ　デタヨ。キモチワルイ。ネレナイ。』
って言ってくれるのかもしれないけれど、気がつかない私は１時間も彼女をあやしたりしていました。そしておむつを取り替えてもらい彼女は要求が満たされると、すぐに寝てしまいました。
　すぐに気づいてもらえることもあれば、ないこともある。それってふつうのことなんじゃないかなあ。全部機械でわかっちゃったらなんか子どもたちを大好きな気持ちが減っちゃいそうでヤダなあ……。なんてうんちを１時間も替えてあげれなかった自分をすっかり棚にあげて思ったんでした。ゴメンよ～。

新聞紙ビリビリ

小さな子どもたちはビリビリ破るのが大好き。新聞紙をビリビリたくさん破って、
たまったエネルギーをスカーッとさせて遊びましょう。

用意するもの

古新聞たくさん

遊びかた

●音をつくる

新聞紙を丸めたり動かしたりして、音を出して楽しみましょう。

●ビリビリあそび

1

切り込みを入れて頭からかぶり、半分に破る。

＊切り込みを入れることで、子どもの力でも簡単に破れます。細かくなるまで繰り返しましょう。

2

たくさんちぎった後は、新聞紙の山の中で遊ぶ。

＊ほかにもチョップして破ったり、２人で引っぱったりして破っても楽しいでしょう。
必ず切り込みを入れ、行うようにしましょう。

●ワシャワシャさんを作ろう！

用意するもの

古新聞たくさん
セロハンテープ

作りかた

1 細長くちぎった新聞紙を束ねて、セロハンテープではってワシャワシャさんのできあがり。

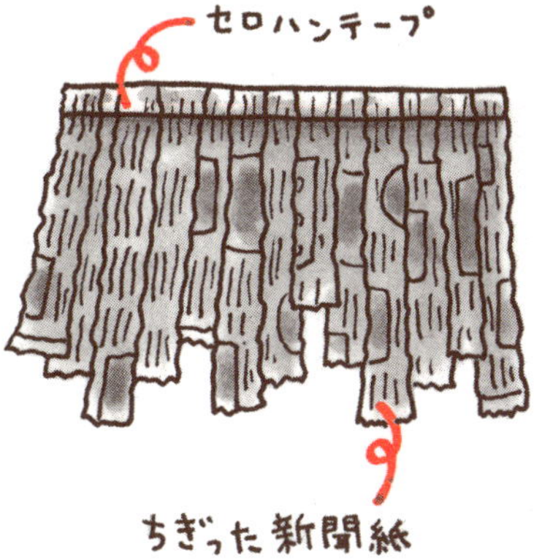

2 触ったり、
いないいないばあをしたりして遊ぶ。

●ビリビリコスチューム

用意するもの
- 古新聞たくさん
- セロハンテープ
- スズランテープ

作りかた

1 保育者はスズランテープに新聞紙の端をセロハンテープではる。

2 テープのところまで、新聞紙を破る。

3 スズランテープの端を結んでつける。

＊いろいろな大きさで作って、いろいろなところにつけてみよう。

バリエーション Variation

破る物を新聞紙から小さな折り紙に替えて作ってみましょう。できあがったら台紙にはってもいいですね。

●ビリビリ動物

作りかた

遊びかたのポイント

紙の目（縦目と横目があり、縦目にそって破るときれいに破ける）に注意して破りましょう。

用意するもの

- 折り紙
- 丸シール（白、黒、赤）
- スタンプ台（もしくは絵の具とスチロールトレイ）
- 油性ペン
- 色画用紙（台紙用）

ゾウ

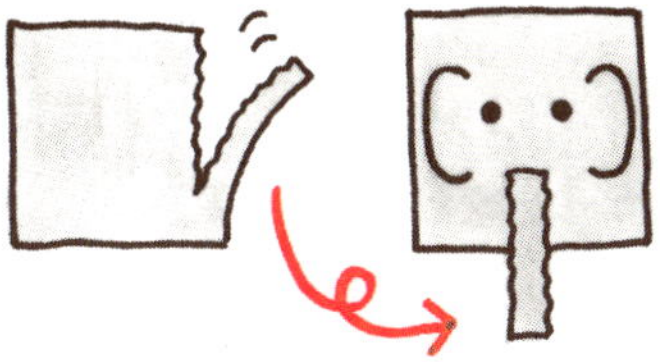

1 折り紙を細長く破る。

2 別の折り紙にはり、目の部分に黒い丸シールをはって耳をかく。

ウサギ

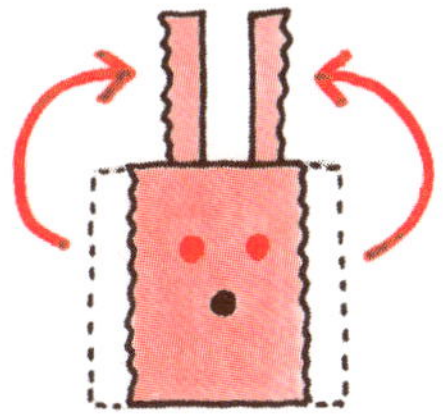

1 折り紙の両端を細長く破る。

2 破った紙を残った紙の上にはり、目と鼻の部分に丸シールをはる。

タコ

1 途中まで破る。

2 丸めてセロハンテープでとめ、目と口の部分に丸シールをはる。

魚

1 折り紙を半分に破る。

2 目の部分にシールをはる。

3 折り紙に指スタンプでウロコ模様をつける。
＊指をなめないように注意しましょう。

シェイクシェイク!! はり絵にチャレンジ!

小さい子どもたちは、フリフリといろいろな物を振るのがとてもじょうず。振っているあいだにアラアラ不思議!? 世界にたった一つしかないはり絵ができあがります。

用意するもの

- 透明の食品保存容器（子どもたちが手に持って振れる大きさの物）
- のり
- 色紙や広告紙などカラフルな紙
- 画用紙（食品保存容器の底のサイズに合わせて切っておく）
- セロハンテープ

遊びかた

1 色紙や広告紙をみんなでビリビリと細かく破る。保育者は広告紙を、食べ物や人、花などの形に切る。

＊破るのが難しいようであれば、あらかじめ保育者が切っておくといいでしょう。

2 子どもたちが破った物と、保育者が切った広告紙とを混ぜ合わせる。

＊大きさは大小あるほうがアクセントになって楽しいでしょう。

3 食品保存容器の底に、セロハンテープを丸めたもので画用紙を固定する。

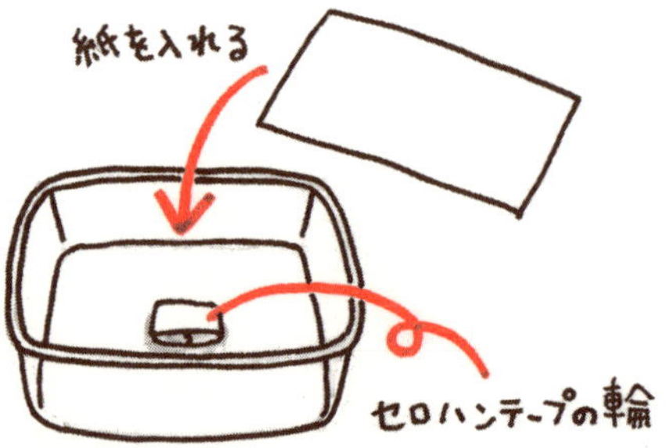

4 画用紙の表面にのりを塗ってから、食品保存容器の中にちぎった紙を入れてふたをする。

＊のりをなめないように注意しましょう。

5 自由に振る。

＊振りすぎると、画用紙が取れてしまうので、適度に振るようにしましょう。

6 適当なところでふたをあけ、中にあるちぎった紙を軽く画用紙に押しつける。

7 紙を取り出して乾かすと、できあがり。

アレンジ Arrange

・2歳児は、振った後、写真や絵などを好きなように手ではってもよい。

・食器保存容器を大きな段ボール箱に替え、みんなで一つの大きな作品を作っても楽しい。

ファッションショー

ビニール袋を使ってスカートやマントを作ります。盛り上がったら、ほかにも身につける物を作って、ファッションショーをしてみても楽しいかも!?

用意するもの

・ビニール袋（カラーのもの、なければあるものを利用）ひとり分1/2袋
・平ゴム
・セロハンテープ
・はさみ
・シール
・カラービニールテープ
・油性ペン

作りかた

1 ビニール袋を開き、半分に切ります。

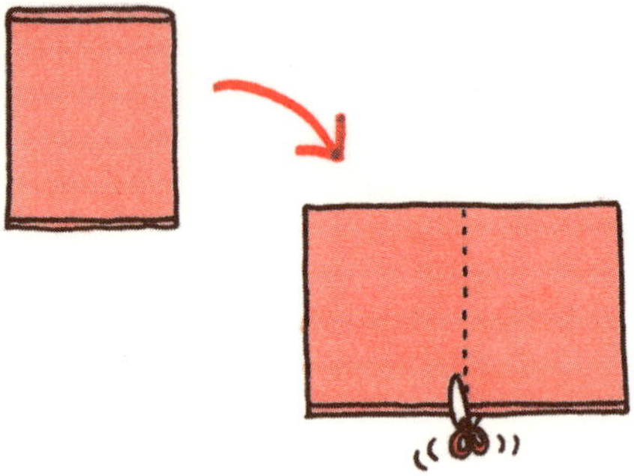

2 シールをはります。

3 油性ペンで絵を描く。

＊このとき、ビニール袋を床や机に仮留めしておくと描きやすい。

4 ビニールの端を折り返して、セロハンテープではりとめながらゴムを通す。

＊難しいので、おとながやってあげましょう。

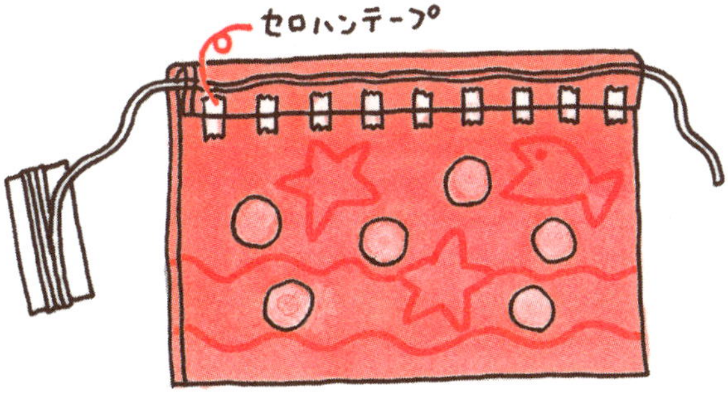
セロハンテープ

ウエストに
合わせて
ゴムを切り
結ぶ

できあがり!

●マントも同様にして作ってみてね。

ポンちゃんの子育て日記 12

1歳10か月ころのおはなし

ぎゅっと詰まった日々

きょうは久しぶりのお休みなので、私も、気持ちのんびり洗たく物を干しています。コバコマもいい天気なので周りで遊んでいます。そして始終ぶつぶつとなにやらしゃべっています。ふたりはきのうの雨がたまっている器の前に座り込みました。どこからもってきたのかヨーグルトのカップを手にし、そこへたまった雨水を入れていきます。もうひとさじ。もうひとさじ。このときも始終ぶつぶつ。「ちょっと待っててね～」「どうぞ～」この、子どもたちがあそびと一体になるっていうんでしょうか、世界や空気までもが吸い込まれるように集中して遊んでいる瞬間を見ると、「あ～幸せだなあ」としみじみ思います。そうそう、「りんごの木」で保育していたときもそうでした。この瞬間を見ることができて、幸せな仕事だなあと思っていたことを思い出しました。

私は、洗たくかごを置いて草むしりを始めました。こんどはヨーグルトのカップのほうをかき混ぜたり、土を混ぜたりして遊んでいます。こういうとき、ちょっとした空気の変化でこの集中した世界はふっときれてしまうから不思議です。以前、これを写真に撮ろうとした瞬間、ふたりがあそびをやめてしまったことがありました。ピンポーンと宅配便やさんが来たときもそうでした。そうそう、自分の遊んでいたころのことも思い出しました。こうやって悦に入ってたっぷり遊んだ日は、心も体もぎゅっと中が詰まったリンゴのようになって、ホカホカしていたものでした。どっぷりとあそびにつかれる子どもたちを、かたやうらやましくも感じながら過ごしました。

今ふたりは遊び疲れてお昼寝中。これもまたなんともいえない寝顔であります。笑ったり、泣いたり、遊んだり、けんかしたり、子どもたちの毎日は、ほんとにぎゅっと詰まった日々です。それをこうしていっしょに体験できるのは、なんともいえずいい時間だなあ。ありがたいなあと思う、きょうこのごろなのでした。きっと保育のなかでみなさんも日々感じていらっしゃるでしょうね！

あなぼこボコボコ飾り

子どもたちは穴をあけるのが大好き！　それを作品にするとなかなか斬新なアート作品に!?　子どもたちとボコボコ遊びながら作ってね！

用意するもの

- 軽量樹脂粘土（なければ紙粘土）
- 棒（割りばし、えんぴつ、ボールペン、つぼ押し棒など）
- カラーペン

作りかた　1歳児編

1 直径10センチくらいに丸めた粘土を用意する。

2 棒で穴ぼこを作っていく。

＊けがをしないように気をつけましょう。

3 おとながひも通し用の穴を一つか二つあけ（貫通させる）、粘土を乾かします。

4 カラーペンで色をつけます。あいた穴にペンを差し込んだり、表面に描いたり、思い思いに色をつけます。

2 歳児編

形を作るところから自分でやってみても楽しいですね！

◆飾りかた◆

保育者がニスを塗り、ひもを通せばできあがり！

遊びかたのポイント

穴をボコボコあけるのは楽しいし、軽量樹脂粘土は手につかず柔らかいので遊びやすいです。ぜひやってみてね！

おわりに

　この本を手に取ってくださったみなさん、ほんとうにありがとうございました。子どもたちも現在２歳半となり、家中を走り回って遊んでいます。ほんとうに見ていて全くあきることのない人たちであります（笑←実際笑ってばかりいられないのですが）。さきほども、寝室のティッシュをすべて出して部屋中にまき散らし、わたしがそこを片づけているあいだに今度はトイレが水浸し。ふたりの後始末で一日が終わっていきます。トホホです。オヨヨです。ビエンチャーン（泣）です。でもやっぱりたまらなくおもしろい日々でもあります。この本を作るにあたり、今まで書かせていただいたエッセイを読み返してみて（ああ、そうだったなあ！）（そういうときもあったなあ）と、２年半ほどのできごとなのにとても懐かしく感じました。それだけこの時期というのはバームクーヘンにすると（あえてする必要、全くないですが）分厚い中身の濃いバームクーヘンなのですよねえ。

　小さいころのわたしは、大きくなったら今の自分とは違う『おとな』という立派な人間になるんだと本気で信じていました。でもいざおとなになってみたら全く違うどころか、あのころのわたしとおんなじ『わたし』のまんま。なんということだ!!（おおっ、そうか。人っていうのは一本の線みたいなもんで、突然違う線になったりしないんだー!!　←もっと早く気づけよってな話ですが……）そ

れが二十歳のころのわたしの感想でした。トホホ。思えば就職して『先生』になり、産んで『お母さん』になりました。でも思い返してみたら実際には、なったのではなくて、だんだんにいっしょになっていく……というか、わたしのまんまこの道に突入していったという感じです。ステージのとき、鼻で笛を吹く演目があるのですが、そのときに「こんなお母さんってどう？」と子どもたちに聞くと、「ヤダーッ!!」とほぼ100%言います。6歳くらいの子は笑いながら言っていますが、小さい子どもたちは真剣です。気持ちわかります（笑）。あれは舞台上の芸ですが、実生活でもわたしはこのままヤダー！なお母さんのままなんだろうなあ。ハハハ。しかしお母さんになったからといって別のだれかにならないもんねえ。子どもたちが大きくなってもこの子たちでしかないように、わたしもわたしで勝負していくしかない。そのことに気づかせてくれたのも子どもたちでした。こんなわたしだけど、これからもヨロシクね。そんな気持ちでいっぱいです。

最後になりましたが、産まれる前から心身ともに支えてくれたケロちゃん（増田裕子さん）、ケロポンズを応援してくださっているみなさん、そしてすてきな表紙を描いてくださった市居みかさん、楽しいイラストをかいてくださった曽根悦子さん、本当にありがとうございました。心から御礼申し上げます。

著者紹介

平田明子 ひらたあきこ

　保育者を経て、増田裕子さんとのスーパーデュオグループ「ケロポンズ」で活躍中。コンサートや保育者対象のセミナー、雑誌の連載やテレビ出演など、全国各地を飛び回って幅広い活動を展開している。現在は、この本の「子育て日記」で書かれているとおり、２人の女の子のお母さんでもある。主な著書に「保育でポン！」、ケロポンズとして「ケロポンズのわくわくあそび島」（以上チャイルド本社）、「ケロポンズのあそびネタ」（カエルちゃん）、紙芝居「あかちゃん　あかちゃん」（教育画劇）、CD作品に「エビカニクス」「おにぎり」など多数。

ケロポンズHP　http://www.kaeruchan.net/

表紙・本文デザイン／竹内玲子
表紙・カバー・扉イラスト／市居みか
本文イラスト／曽根悦子
エッセイイラスト／平田明子
楽譜作成／クラフトーン
編集協力／青木美加子
編集担当／石山哲郎　飯島玉江

初出一覧

「よろしくね」「はーい!」「またあした」「もう　いいかい?」「くるくるジャンプ」「屋根裏トントン」「ゾウさん!」「だっこだっこ」「モリモリパワー」「電話がかかってきましたよ!」「3びきのくま」「カシマママペーケヤッケ　」「カラフルボトル」「ぽっこんさん」「あがりめ　さがりめ」「いもむしごろごろ」「ぷわぷわ、しゃかしゃかボール」「海を描こう」「出てこい 出てこい 塗り塗り絵」「新聞紙ビリビリ」「シェイク シェイク!!　はり絵にチャレンジ!」（『保育のひろば』メイト刊）

ポンちゃんの
0、1、2歳児とふれあって遊ぼう

2007年６月22日　初版第１刷発行
2012年６月　　　　　第２刷発行

著　者　平田明子　
発行人　浅香俊二
発行所　株式会社チャイルド本社
〒112-8512　東京都文京区小石川5-24-21
電話：03-3813-2141（営業）　03-3813-9445（編集）
振替00100-4-38410
印刷所　共同印刷株式会社
製本所　一色製本株式会社
〈日本音楽著作権協会（出）許諾第0705676-202号〉

ISBN／978-4-8054-0097-5　C2073
NDC376 96P 210×182